MARLIS
KAHLSDORF

KÜSTEN CARTOONS

BOYENS

...EIN FÜR ALLEMAL, WATT IST NICHT GLEICH WATT!!!
PHYSIK

...TJA LEUTE, UND DIES IST NUN EIN KILOWATT!!!
...WETTEN, DAS GLAUBT UNS UNSER PHYSIKLEHRER NIE!!!
marka

...EINFACH TOLL, DIE TAKE AWAY PROMENADE HIER IN DER NÄHE!!!
...SUPERLECKER!!!
WIR GEBEN 4 STERNE!

4x SEEZUNGE AUF SANDBANK 2
SEEZUNGE IS' ALLE!
uMuBa

...GENAU WIE DU ES DIR GEWÜNSCHT HAST, EIN MEERESSANDPEELING, VIEL FEUCHTIGKEIT FÜR DIE HAUT, UND 'NE SCHLAMMPACKUNG FÜR DIE FÜSSE!!!
...UND ALLES „ALL-INCLUSIVE"!!
WELLNESS AN DER KÜSTE

TJA, HIER AN DER KÜSTE IST EBEN ALLES FRISCH~ DIE LUFT, DER FISCH...
...OJA, UND BESONDERS DAS WASSER!!!

VIELEN DANK FÜR IHRE BESTELLUNG!
ANDERE KUNDEN KAUFTEN AUCH 10 HERINGE UND 30 WATTWÜRMER
...VON WEGEN EINES NATÜRLICHEN TODES!!!

DAS IST EIN TOLLES WETTERCHEN WAS?!
AHA, JETZT AUCH HIER, DIE ALTERNATIVE WAHRHEIT!!
JIM Bird SKIN

...WENN IHR WÜSSTET, WAS ICH ALLES SEH!

...UND WAT NU?
VIEL ZU SCHADE ZUM...
...PSST!
WIR WOLLTEN ABER HERING!!!

MEIN LIEBES KIND, DAS SIND DIE, DIE UNS DEN FISCH WEGFRESSEN!!!
Marka

...UND WARUM IST DAS MEER JETZT VERSCHWUNDEN
...WARUM WOHL?! ES HAT DICH GESEHEN!!!

...GRATULIERE, SO WIE ES AUSSIEHT, IST ES EIN HEILBUTT!!!
ANGELN FÜR ANFÄNGER

ROLLING HOME...
...PROST, EIN HOCH AUF DEN CHIANTI CHOR!
...ÜBRIGENS~ BEI UNS HEISST ER SHANTY CHOR!!!
SEEFAHRT TUT NOT
maika

SEINE STUDIENREISEN FÜHRTEN AUGUSTE RODIN NÄMLICH NICHT NACH ITALIEN, SONDERN AN UNSERE NORDSEEKÜSTE!!!
ACH?!

...SIEH MAL, „DER DENKER" VON AUGUSTE RODIN!
...QUATSCH~ DIESER URLAUBER FRAGT SICH, WANN ENDLICH DAS WASSER KOMMT!!!
maika

SCHWIMMEN DA AUCH DIE FISCHSTÄBCHEN?
...NA LOGO, ENTGRÄTET UND PANIERT!
ICH ❤ DIE KÜSTE

...EMMA, WAS'N DAS?!

...AHA, DER NEUESTE FRISURENTREND AUS USA?!
...QUATSCH, MIR IST NUR SO KALT AM KOPF!!!
HÄTTEST DIR BESSER 'NE MÜTZE GEKAUFT!!
marka

...HIER IST MAL WIEDER GESUNDE KOST ANGESAGT!
...NA LOGO, NATURREINES PILS UND FISCHBRÖTCHEN MIT OMEGA-3 FETTSÄUREN
MUSS ICH MIR MERKEN!

...WETTEN, BEI DEN BEWERTUNGEN WAR NUR VON GUTER LUFT, MEERESRAUSCHEN, UND HERRLICHER RUHE DIE REDE!!!

...ABER SIE WOLLTEN ES DOCH NATURNAH, ÖKOLOGISCH UND MIT MEERBLICK?!!
BUCHUNG

...SCHÖN, DASS IHR SOHN DEN HERING VOM HEILBUTT UNTERSCHEIDEN KANN, ABER DESHALB IST ER NOCH NICHT HOCHBEGABT!!!
ELTERN SPRECHTAG

SOFORT AUFHÖREN! DAS WIRD KEINE SCHOLLE!!!

...MEIN KLEINER HAT EINE LAKTOSEINTOLERANZ!
DANN SOLL ER FISCHE FRESSEN UND KEINE MILCHSCHOKOLADE!
marka

ANLEINEN IS' ANGESAGT!!!
...ABER WIR SIND DOCH SEEHUNDE!!!
...EGAL~ HUND IS' HUND!
marka

WIR SIND NÄMLICH
ANGLER'S LIEBLINGE!
IS' AUCH NICHT BESSER!

... ICH HAB SIE –
DIE PC-SCHÄDLINGE !!!
LASS SOFORT UNSERE
WATTWÜRMER
LOS !!!
ANTI-VIRUS
GEGEN
VIREN UND
WÜRMER

...ICH DENK DU BIST VEGETARIER?!
VEGETARISCH LEBEN
GURKEN VERLAG
...NA LOGO, IMMER DANN WENN ICH NICHTS FANGE!!!

...UND DAFÜR MUSSTE KEIN UNSCHULDIGER NERZ STERBEN!!!
Modell BALTRUM

...HERRLICHE TAGE AM MEER UND EINEN NEUEN MANTEL HAST DU MIR VERSPROCHEN!
STIMMT DOCH! SUPER GESUND, UND SOGAR 'NEN „OUTDOOR-NERZ"
...MERK' DIR DAS, VERSPRICH NICHTS!

BEi SO VIEL WATT HIER, SIND WIR DOCH GLÜHWÜRMCHEN UND KEINE WATTWÜRMER!
GRÖSSENWAHNSINNIG UNSERE WATTWÜRMER WAS?
ENERGIE Gipfel

...ICH DENKE DU WOLLTEST FISCHE FANGEN?
JA, ABER NUR FISCHE!!!
marko

WIR LIEBEN DIE STÜRME, DIE BRAUSENDEN WOGEN...
WIE WÄR'S DENN MAL MIT „O SOLE MIO"?

...IST JA NOCH SCHLIMMER ALS REGEN!

...UND ES WAR SOMMER, DAS 1. MAL IM LEBEN!!!
...OOH, PETER MAFFAY?
QUATSCH, NUR EIN GAST, DER HIER GANZ OFT URLAUB MACHT!!!

...WOZU DIE AUFREGUNG? HIERMIT HABEN SIE DOCH EINE GRATIS-SCHLAMMPACKUNG!
maika

MACHT'S EUCH GEMÜTLICH, IN 6 STUNDEN IST DAS WASSER WIEDER DA!!!

...WAS REGEN SIE SICH AUF!?
SIE WOLLTEN DOCH
SUPERFRISCHEN
FISCH!!!
FIETE'S
FISCHBRAT
KÜCHE

...HÖR NICHT AUF SEIN GESÜLZE!
SCHAU MIR IN DIE AUGEN, KLEINES!!!
...TOLL, SO KOMMT DER TYP AN DIE LECKERSTEN WATTWÜRMER

„SUPER, DER OPA KOMMT IN DEN WERBEFILM „FIT AN DER KÜSTE"

TONI WAR FRÜHER EIN GANZ BEKANNTER SKIFAHRER!
...TJA, UND HEUTE EIN BEGNADETER SCHLICKRUTSCHER!!!
marka

...EMMA MACHT WIEDER YOGA, DEN SONNENGRUSS- MIT FISCH!!!
AHA, DESHALB REGNETS WOHL AUCH!

...LAUT GOOGLE MAPS SIND WIR JETZT AN DER NORDSEE!
...AHA SEE – GANZ OHNE WASSER, ABER MIT VIEL MATSCH!!!
DÖÖSBADDEL, IS' DOCH EBBE!

WENN DU DICH WEITERHIN SO SPERRST, DANN GIBT'S NIE 'NEN GUTEN EIERGROG!!!
Hicks
marla

...NA BITTE ER RAUCHT NICHT MEHR!!!
marka

...NA, ERINNERT IHR EUCH NOCH, ALS DIE DA DRÜBEN BEIM ESSEN NOCH RUMKREISCHTEN?!

...UND KEINER SPIELT MEHR FANGEN!

... ABER SIE WOLLTEN DOCH EINE GÜNSTIGE UNTERKUNFT MIT SEESICHT!!!

...NA, HAB ICH ZUVIEL VERSPROCHEN? DAS MEER...HERRLICHEN SANDSTRAND, UND EIN TOLLES UNTERHALTUNGSPROGRAMM
LIMBO PARTY
1a FISCH BRÖTCHEN
Heute SHANTY CHOR 20.00 UHR

...KÜSS MICH,
ICH BIN DER VERWUNSCHENE
PRÄSIDENT DER USA!!!
...NIE WIEDER, HAB SCHON
MAL 'NEN TÜRKISCHEN
FROSCH
GEKÜSST!!!

...WAS SOLL DAS DENN~ DIESE LECKEREIEN WERDEN ERST ZU WEIHNACHTEN GEGESSEN!
...NÖ, DANN GIBT'S DOCH SCHON DIE SCHOKOHASEN UND NOUGATEIER!!!
LEBKUCHEN
Marzipan
marka

...AHA, UND IM NETZ SOLL MAN ALSO TOLLE FRAUEN FINDEN!!!
...MENSCH OPA!

...ÜBRIGENS, ES HEISST DRAG AND DROP – NICHT DRINK AND DROP!!!

...ICH ZEIG DIR JETZT WAS TOLLES!
„HALLO SIRI, GIBT'S HEUTE LECKER FISCH ZU ESSEN?"

„…JA – ABER NUR, WENN DU AUCH WELCHEN FÄNGST, DU DÖÖSBADDEL!!!"
ER HAT SICH VON SEINEM iPHONE WOHL ZUVIEL VERSPROCHEN!

... UND DIES HIER IST UNSERE EINZIGARTIGE WATTLANDSCHAFT
... BEI UNS HÄTTE MAN „KLACKERMATSCHE" DAZU GESAGT!!!
... SIEHSTE, AUCH WIR SIND EINZIGARTIG!!!

ICH SEHE VIELE URLAUBER IM SOMMER AN IHREN KÜSTEN!
... DIE SICH NACH SONNE SEHNEN...
AHA
DAS HÄTTEN WIR IHM AUCH SAGEN KÖNNEN
TOURISMUS MANAGEMENT

ALS ER VORHIN VON KÜSTENNEBEL SPRACH...
...DA DACHTEN WIR NOCH, ES GIBT WAS LECKERES ZU TRINKEN!